Dieter Hoffmann

Due Diligence beim Unternehmenskauf

GRIN Verlag

Bibliografische Information der Deutschen Nationalbibliothek:

Die Deutsche Bibliothek verzeichnet diese Publikation in der Deutschen Nationalbibliografie; detaillierte bibliografische Daten sind im Internet über http://dnb.d-nb.de/ abrufbar.

Impressum:

Druck und Bindung: Books on Demand GmbH, Norderstedt Germany
ISBN: 978-3-638-95263-7

Dieses Buch bei GRIN:

http://www.grin.com/de/e-book/92989/due-diligence-beim-unternehmenskauf

FERNUNIVERSITÄT

IN HAGEN

FACHBEREICH RECHTSWISSENSCHAFT

Due Diligence beim Unternehmenskauf

Seminar/Übung : Unternehmensrecht – „Der Unternehmenskauf in der Praxis“
Vorname, Name : Dieter Hoffmann
Abgabedatum : 30.05.2006

Inhaltsverzeichnis

Abkürzungsverzeichnis

AG	Aktiengesellschaft, „Die Aktiengesellschaft“ (Zeitschrift)
AktG	Aktiengesetz
BB	Betriebsberater
BGB	Bürgerliches Gesetzbuch
DB	Der Betrieb
ders., dies.	derselbe, dieselbe(n)
Diss.	Dissertation
DNotZ	Deutsche Notar-Zeitschrift
DStR	Deutsches Steuerrecht
evtl.	eventuell
f., ff.	folgende, fortfolgende
FB	Finanz Betrieb
GmbH	Gesellschaft mit beschränkter Haftung
HGB	Handelsgesetzbuch
i.S.d.	im Sinne der/des
i.V.m.	in Verbindung mit
lfd.	laufende
LG	Langgericht
NJW	Neue Juristische Wochenschrift
NZA	Neue Zeitschrift für Arbeitsrecht
NZG	Neue Zeitschrift für Gesellschaftsrecht
Rn.	Randnummer
S.	Seite
s.a.	siehe auch
sog.	sogenannte
v.a.	vor allem
Vgl.	Vergleiche
WM	Zeitschrift für Wirtschafts- und Bankrecht, Wertpapiermitteilungen
z.B.	zum Beispiel
z.T.	Zum Teil
ZGR	Zeitschrift für Unternehmens- und Gesellschaftsrecht
ZHR	Zeitschrift für das gesamte Handels- und Wirtschaftsrecht
ZIP	Zeitschrift für Wirtschaftsrecht
ZRP	Zeitschrift für Rechtspolitik

Literaturverzeichnis

Angersbach, Carsten J.
Due Diligence beim Unternehmenskauf
1. Auflage, Baden-Baden, 2002

Bamberger, Georg / Roth, Herbert
Kommentar zum Bürgerlichen Gesetzbuch

Band 1 (Aktualisierungsdienst 2005), §§ 1-610

Band 2 (Aktualisierungsdienst 2005), §§ 611-1296 - ErbbauVO - WEG

(Zitiert als: Bamberger/Roth, Bearbeiter, § ..., Rn. ...)

Bassenge, Peter / Brudermüller, Gerd / Diederichsen, Uwe / Edenhofer, Wolfgang / Heinrichs, Helmut / Heldrich, Andreas / Putzo, Hans / Sprau, Hartwig / Thomas, Heinz / Weidenkaff, Walter
Palandt
Gesetz zur Modernisierung des Schuldrechts
Ergänzungsband zu Palandt, Bürgerliches Gesetzbuch
61.Auflage mit Unterlassungsklagengesetz, Gewaltschutzgesetz (Auszug), München 2002
(Zitiert als: Palandt, Bearbeiter, § ..., Rn. ...)

Baumbach, Adolf / Hopt, Klaus J. / Merkt, Hanno
Beck'sche Kurz-Kommentare
Band 9, Handelsgesetzbuch mit GmbH & Co., Handelsklauseln, Bank- und Börsenrecht, Transportrecht (ohne Seerecht)
32. Auflage, München 2006
(Zitiert als: KurzKommHGB, Bearbeiter, § ..., Rn. ...)

Beck'sches Steuerberater-Handbuch 2004/2005
München 2005
(Zitiert als: BeckStbHdb, Bearbeiter, Rn. ...)

Beisel, Daniel / Klumpp, Hans-Hermann
Der Unternehmenskauf
4. Auflage, München 2003

Berens, Wolfgang / Brauner, Hans U. / Strauch, Joachim
Due Diligence bei Unternehmensakquisitionen
4.Auflage, Stuttgart 2005

Böttcher, Lars
Verpflichtung des Vorstands einer AG zur Durchführung einer Due Diligence
NZG 2005, S. 49 ff.

Dauner-Lieb, Barbara
Unternehmenskauf und Schuldrechtsmodernisierung,
Band 9, 1. Auflage, München 2003

dies. / Heidel, Thomas / Lepa, Manfred / Ring, Gerhard
Anwaltskommentar zum neuen Schuldrecht
Bonn, 2002
(Zitiert als: AnwKomm, Bearbeiter, § ..., Rn. ...)

Erman, Walter
Bürgerliches Gesetzbuch, Handkommentar, Band 1, §§ 1-853
10. Auflage, Köln, 2000
(Zitiert als: Erman, Bearbeiter, § ..., Rn. ...)

Fischer, Gero
Tendenzen der Rechtsprechung des BGH zum Anwaltshaftungsrecht
NJW 1999, S. 2993 ff.

Fleischer, Holger / Körber, Torsten
Due diligence und Gewährleistung beim Unternehmenskauf
BB 2001, S. 841 ff.

Fritzen, Roland
Unternehmenskauf, Due Diligence und Garantien nach der Schuldrechtsreform
1. Auflage, München, 2004

Gaul, Björn
Schuldrechtsmodernisierung und Unternehmenskauf
ZHR 166 (2002), S. 35 ff.

Grimm, Detlef / Böker, Arndt
Die arbeits- und sozialversicherungsrechtliche Due Diligence
NZA 2002, S. 193 ff.

Hemeling, Peter
Gesellschaftsrechtliche Fragen der Due Diligence beim Unternehmenskauf
ZHR 169 (2005), S. 274 ff.

Holzapfel, Hans-Joachim / Pöllath, Reinhard
Recht und Praxis des Unternehmenskaufs:
rechtliche und steuerliche Aspekte
7. Auflage, Köln, 1994

Hopt, Klaus J. / Gadow, Wilhelm / Wiedemann, Herbert
Großkommentar zum Aktiengesetz
4. Auflage, Berlin, New York 1999
(Zitiert als: GroßKommAktG, Bearbeiter, § ..., Rn. ...)

Huber, Ulrich
Die Praxis des Unternehmenskaufs im System des Kaufrechts
AcP 202 (2002), S. 179 ff.

Janert, Ingo / Schuster, Thorsten
Dritthaftung des Wirtschaftsprüfers am Beispiel der Haftung für Prospektgutachten
BB 2005, 987 ff.

Jungblut, Eric
Due Diligence - Die wichtigsten Instrumente und Werkzeuge für die Analyse mittelständischer Unternehmen
1. Auflage, Freiburg, 2003

Kappler, Urs
Due Diligence und Bewertung von europäischen Portalen
und virtuellen B2C-Marktplätzen
St. Gallen, Diss. Nr. 2983, 2004

Kiethe, Kurt
Vorstandshaftung aufgrund fehlerhafter Due Diligence beim Unternehmenskauf
NZG 1999, S. 976 ff.

Knöfler, Kathrin
Rechtliche Auswirkungen der Due Diligence bei Unternehmensakquisitionen
1. Auflage, Frankfurt am Main, 2001

Knott, Hermann J.
Unternehmenskauf nach der Schuldrechtsreform
NZG 2002, S. 249 ff.

Koch, Wolfgang / Wegmann, Jürgen
Praktiker-Handbuch Due Diligence: Chance-, Risiken-Analyse mittelständischer Unternehmen
1. Auflage, Stuttgart, 1998

Körber, Thorsten
Geschäftsleitung der Zielgesellschaft und due diligence bei Paketerwerb und Unternehmenskauf
NZG 2002, S. 263 ff.

Kropff, Bruno / Semler, Johannes
Münchener Kommentar zum Aktiengesetz
2. Auflage, München 2004
Band 3, §§ 76 – 117 AktG, MitbestG, § 76 BetrVG 1952
(Zitiert als: MüKommAktG, Bearbeiter, § ..., Rn. ...)

Krüger, Dirk / Kalbfleisch, Eberhard
Due Diligence bei Kauf und Verkauf von Unternehmen - Rechtliche und steuerliche Aspekte der Vorprüfung beim Unternehmenskauf
DStR 1999, S. 174 ff.

Leibner, Wolfgang / Holzkämper, Volker
Beraterhaftung: Aktuelle Entwicklungen in Gesetzgebung und Rechtsprechung
DB 2004, S. 2087 ff.

Loges, Rainer
Der Einfluss der „Due Diligence" auf die Rechtsstellung des Käufers eines Unternehmens
DB 1997, S. 965 ff.

Marten, Kai-Uwe / Köhler Annette G.
Due Diligence in Deutschland – Eine empirische Untersuchung
FB 1999, S. 337

Merkt, Hanno
Due Diligence und Gewährleistung beim Unternehmenskauf
BB 1995, 1041 ff.

Mertens, Hans Joachim
Kölner Kommentar zum Aktiengesetz
Band 2, §§ 76-117 AktG und Mitbestimmung im Aufsichtsrat
Köln, 1996
(Zitiert als: KölnKommAktG, Bearbeter, § ..., Rn.. ...)

Müller, Klaus J.
Unternehmenskauf, Garantie und Schuldrechtsreform - ein Sturm im Wasserglas?
NJW 2002, 1026 f.

ders.
Einfluss der due diligence auf die Gewährleistungsrechte des Käufers beim Unternehmenskauf
NJW 2004, 2196 ff.

Pollanz, Manfred
Due Diligence als künftiges Instrument einer risikoorientierten Abschlußprüfung?
BB 1997, S. 1351 ff.

Rebmann, Kurt / Rixecker, Roland / Säcker, Franz Jürgen
Münchener Kommentar zum Bürgerlichen Gesetzbuch

Band 3, Schuldrecht - Besonderer Teil I, §§ 433-610, Finanzierungsleasing - HeizkostenV - BetriebskostenV - CISG
4. Auflage, München 2004

Band 4, Schuldrecht - Besonderer Teil II, §§ 611-704, EFZG - TzBfG - KSchG
4. Auflage, München 2004

(Zitiert als: MüKommBGB, Bearbeiter, § ..., Rn. ...)

Rittmeister, Maximilian
Due Diligence und Geheimhaltungspflichten beim Unternehmenskauf – Die Zulässigkeit der Gestattung einer Due Diligence durch den Vorstand oder die Geschäftsführer der Zielgesellschaft
NZG 2004, S. 1032 ff.

Rödder, Thomas / Hötzel, Oliver / Müller-Thuns, Thomas
Unternehmenskauf / Unternehmensverkauf
1. Auflage, München, 2003

Schmitz, Christian
Due Diligence beim Unternehmenskauf: Eine Betrachtung ihrer sekundärrechtlichen Auswirkungen nach deutschem Recht sowie ihrer bürgerrechtlichen Bezugspunkte
1. Auflage, Göttingen, 2002

Schröcker, Stefan
Unternehmenskauf und Anteilskauf nach der Schuldrechtsreform
ZGR 2005, S. 63 ff.

Schürnbrand, Jan
Diskussionsbericht, zu den Referaten Westermann und Hemeling
ZHR 2005, S. 295 ff.

von Staudinger, Julius
Kommentar zum Bürgerlichen Gesetzbuch

Erstes Buch, Allgemeiner Teil, §§ 90-240
12. Auflage, Berlin 1980

Zweites Buch, Recht der Schuldverhältnisse, §§ 433 - 534
13. Auflage, Berlin 1995

(Zitiert als: Staudinger, Bearbeiter, § ..., Rn. ...)

Stengel, Arndt / Scholderer, Frank
Aufklärungspflichten beim Beteiligungs- und Unternehmenskauf
NJW 1994, S. 158 ff.

Strauch, Joachim
Unternehmensbewertung und Grundsätze ordnungsmäßiger Due Diligence
Münster, Diss., 2004

Triebel, Volker / Hölzle, Gerrit
Schuldrechtsreform und Unternehmenskaufverträge
BB 2002, S. 521 ff.

Vogt, Gabriele
Die Due Diligence - ein zentrales Element bei der Durchführung von Mergers & Acquisitions
DStR 2001, S. 2027 ff.

Weber, Martin
Die Haftung des Abschlußprüfers gegenüber Dritten
NZG 1999, S. 1 ff.

Weitnauer, Wolfgang
Der Unternehmenskauf nach neuem Kaufrecht
NJW 2002, S. 2511 ff.

Werner, Rüdiger
Haftungsrisiken bei Unternehmensakquisitionen: die Pflicht des Vorstands zur Due Diligence
ZIP 2000, S. 989 ff.

Westermann, Harm Peter
Due Diligence beim Unternehmenskauf
ZHR 169 (2005), S. 248 ff.

Zugehör, Horst
Schwerpunkte der zivilrechtlichen Steuerberaterhaftung (Teil II)
DStR 2001, S. 1663 ff.

Zugehör, Horst
Beraterhaftung nach der Schuldrechtsreform
Recklinghausen, 2002

Zumbansen, Peer / Lachner, Constantin M
Die Geheimhaltungspflicht des Vorstands bei der Due Diligence: Neubewertung im globalisierten Geschäftsverkehr
BB 2006, S. 613 ff.

A. Einführung in das Thema und Abgrenzung

I. Einführung in das Thema

Due Diligence-Untersuchungen[1] gewinnen bei Unternehmenszusammenschlüssen und Unternehmenskäufen[2] zunehmend an Bedeutung.[3] Dies ist u.a. mit der Globalisierung, dem Trend zum Kerngeschäft, und damit zur Bereinigung der Bandbreite, sowie dem Kapitalbedarf für erforderliche Investitionen begründet.[4] Da es sich bei einem Unternehmen um ein äußerst komplexes Kaufobjekt handeln kann[5], kommt einer umfassenden Due Diligence eine herausragende Bedeutung bei der Reduzierung des Käuferrisikos zu[6].

II. Inhalt und Abgrenzung

Hinsichtlich der Due Diligence werden vorrangig die bürgerlich-rechtlichen Aspekte betrachtet. Soweit gesellschafts- und kapitalmarktrechtliche Themen besprochen werden, sind börsennotierte Aktiengesellschaften ausgenommen. Eine Unterscheidung nach den Grundformen des Unternehmenskaufs (Asset Deal, Share Deal) erfolgt nur dann, wenn dieses nötig ist.
Zunächst erfolgen die Bestimmung der wichtigsten Begriffe und die rechtliche Einordnung der Due Diligence. Danach werden die möglichen Rechtsfolgen bei Unterlassung sowie nach Durchführung einer Due Diligence erörtert. Die Beschreibung von Verschwiegenheitspflichten und Haftungsfragen hinsichtlich externer Berater und Leitungsorganen sowie eine Zusammenfassung schließen diese Arbeit ab.

B. Begriffsbestimmungen und rechtliche Einordnung

I. Unternehmen und Unternehmenskauf

1. Der Unternehmensbegriff

Das bürgerliche Recht enthält keine Legaldefinition des Begriffs „Unternehmen". Im zivilrechtlichen Sinn kann ein Unternehmen als eine selbstständige Organisations- und Funktionseinheit betrachtet werden, die aus einer Gesamtheit von Sachen und Rechten besteht, in der Menschen, immaterielle Faktoren, Erfahrungen und tatsächliche Beziehungen zusammenwirken, um auf Dauer und planmäßig wirtschaftliche Aktivitäten zu erbringen.[7]

---

[1] Nachfolgend nur noch als Due Diligence bezeichnet (bzw. abgekürzt auch als DD).
[2] Für den Unternehmenskauf und die Fusion mit einem anderen Unternehmen ist auch der Begriff „Mergers & Acquisitions" (M&A) gebräuchlich.
[3] Siehe hierzu auch Marten, FB 1999, 337, 337 ff. Der Nachweis der Bedeutung wurde anhand einer Befragungsaktion von Aktiengesellschaften vorgenommen.
[4] Dauner 2003, S. 7 f.
[5] Gaul, ZHR 166 (2002), 35, 42.
[6] Zumbansen, BB 2006, 613, 614.
[7] Rödder 2003, S. 7; Bamberger/Roth, Faust, § 453, Rn. 25.

2. Der Unternehmenskauf

a) Grundformen des Unternehmenskaufs

Der Unternehmenskauf umfasst verschiedene Erscheinungsformen von Unternehmensübertragungen, wobei üblicherweise zwischen den beiden Grundformen Asset Deal und Share Deal unterschieden wird.[8] Während beim Share Deal das Unternehmen durch Veräußerung der Anteilsrechte durch die Gesellschafter übertragen wird, sind beim Asset Deal einzelne Wirtschaftsgüter Kaufgegenstand, welche das Unternehmen selbst oder auch nur selbstständige Teile des Unternehmens sein können.[9]

b) Zivilrechtliche Einordnung des Unternehmenskaufs

Ein Unternehmen ist also eine Sach- und Rechtsgesamtheit und stellt damit eine Sache dar bzw. ist einer Sache gleichzusetzen. Liegt der Unternehmenskauf in Form eines Asset Deals vor, wird der Vertrag als Kaufvertrag i.S.d. § 433 Abs. 1 BGB[10] behandelt, weswegen bei Sachmängeln eine Haftung nach §§ 437, 434 in Frage kommen kann. Der Share Deal hingegen ist kein Sachkauf, sondern ein Rechtskauf. Gem. § 453 Abs. 1 finden die Vorschriften über den Kauf von Sachen auf den Kauf von Rechten und sonstigen Gegenständen entsprechende Anwendung.[11] Mithin sind auf den Unternehmenskauf, der zu den Rechten und sonstigen Gegenständen gezählt wird[12], ebenfalls die §§ 433 ff. einschlägig.[13]

II. Die Due Diligence

1. Begriff und Zweck der Due Diligence

Der Begriff „due diligence“ entstammt dem angloamerikanischen Rechtskreis und bedeutet „erforderliche Sorgfalt“.[14] Dort hat er eine doppelte Bedeutung[15]. Zum einen bezeichnet er als allgemeines haftungsrechtliches Konzept einen Verhaltensmaßstab, der § 276 über Fahrlässigkeit und Vorsatz nahe kommt. Zum anderen stellt er ein spezielles kaufrechtliches Institut

[8] Fritzen 2004, S. 7.
[9] Weitnauer 2002, 2511, 2512.
[10] §§ ohne nähere Bezeichnung sind im Weiteren solche des BGB.
[11] Berens 2005, S 105; Rödder 2003, S. 11.
[12] Bamberger/Roth, Faust, § 453, Rn. 23; MüKommBGB, Westermann, § 453, Rn. 1; Palandt, Putzo, § 453, Rn. 7.
[13] Knott 2002, 249, 250; Begründung zum Regierungsentwurf vom 14.05.2001, Drucksache des deutschen Bundestages, Wahlperiode 14, lfd. Nummer 6040, S. 242.
[14] „due diligence“ kann des Weiteren auch mit „gebührende Sorgfalt“ oder „im Verkehr erforderliche Sorgfalt“ übersetzt werden, s.a. http://dict.leo.org.
[15] In den USA resultiert die DD aus dem im Kaufrecht des Common Law geltenden sog. caveat emptor-Prinzip (= Gewährleistungsausschluss), wonach es Sache des Käufers ist, sich den Kaufgegenstand vorher auf etwaige Mängel hin anzusehen; BeckStbHdb, Niemann, Rn. 85; Pollanz, BB 1997, 1351, 1353.

dar, das eine kaufvorbereitende Prüfung des Zielunternehmens beschreibt. Im deutschen Sprachraum ist die Due Diligence i.S.d. zweiten Bedeutung gebräuchlich.[16]

Die Due Diligence als kaufvorbereitende Untersuchung des Zielunternehmens dient dem Zweck, ein möglichst umfassendes Bild des Erwerbsobjekts zu erzeugen und potenzielle Risiken oder Mängel aufzudecken. Das Ergebnis einer durchgeführten Due Diligence kann sich damit direkt auf den Kaufpreis sowie auch auf die Vertragsgestaltung (z.B. Gewährleistung und Haftung) auswirken.[17] Dass eine Due Diligence durchgeführt wird, kann aus unterschiedlichen Gründen geschehen. So kann die Durchführung aufgrund gesetzlicher Bestimmungen (z.B. Ausscheiden eines Gesellschafters aus einer Personengesellschaft, der nach § 738 abzufinden ist) oder auch auf freiwilliger Basis (z.B. beim Unternehmenskauf) erfolgen.[18]

2. Arten der Due Diligence und Einordnung in den Ablauf eines Unternehmenskaufs

Inhalt und Umfang der Due Diligence können sehr vielschichtig sein und hängen stark vom jeweiligen Einzelfall ab. Checklisten vermitteln einen ersten Eindruck vom Anforderungsprofil der Due Diligence. Diese können aber lediglich Anhaltspunkte liefern.[19]

Eine Möglichkeit, die Due Diligence zu gliedern, ist die Differenzierung hinsichtlich des Auftraggebers. Prüft der Verkäufer sein Unternehmen selbst und gibt er die gewonnenen Erkenntnisse an den Kaufinteressenten[20] weiter, liegt eine sog. Verkäufer Due Diligence[21] vor, welche meist im Falle einer Auktion stattfindet. Bei einer Akquisition hingegen ist die Käuferseite Initiator der Due Diligence, die zumeist aussagekräftige Informationen über Preisbildung und Risiken gewinnen möchte.

Hinsichtlich des Zeitpunkts kann zwischen einer vorvertraglichen und einer nachvertraglichen Due Diligence unterschieden werden. Während die vorvertragliche Due Diligence u.a. dem Zweck der Kaufpreisgestaltung und Risikofindung dient, kann die nachvertragliche dagegen eine Kaufpreisanpassung zur Folge haben.

Des Weiteren kann die Due Diligence nach ihrem Inhalt untergliedert werden. So werden u.a. die Financial Due Diligence (Analyse der Vermögens-, Ertrags- und allgemeinen Finanzlage in Vergangenheit, Gegenwart und Zukunft), die Legal Due Diligence (rechtliche und wirtschaftliche Risikoanalyse), die Tax Due Diligence (steuerliche Situations- und Risikoanalyse), die Human Resources Due Diligence (Prüfung der Quantität und Qualität des Personal-

[16] Werner, ZIP 2000, 989, 989 f.; Fleischer, BB 2001, 841, 841.
[17] Müller, NJW 2004, 2196, 2196.
[18] Koch 1998, S. 14 f.
[19] Fleischer, BB 2001, 841, 842; sehr umfangreiche Checklisten finden sich z.B. auch in Jungblut 2003, S. 158-204.
[20] Im Folgenden auch verkürzt nur als Käufer bezeichnet.
[21] Oft wird auch der englische Begriff Vendor Due Diligence verwendet.

bestands), die Market Due Diligence (Abgleich der marketingrelevanten Bereiche mit den Anforderungen des Marktes) und die Environmental Due Diligence (Erfassung der umweltrelevanten Probleme des Unternehmensstandorts) unterschieden.[22]

Die Due Diligence findet gewöhnlich vor dem Kauf statt, ist also eine vorvertragliche, und wird meist auf Käuferseite initiiert. In der Regel wird die Due Diligence dabei nach Unterzeichung des sog. Letter of Intent (= Absichtserklärung) und vor Vertragsunterzeichnung stattfinden. Der Letter of Intent ist in juristischer Hinsicht die erste Formalisierung der Vertragsverhandlungen und des Informationsprozesses, der häufig ohne rechtliche Bindungswirkung ausgestaltet wird.[23]

C. Rechtslage bei Unterlassen der Due Diligence

Die Due Diligence ist eine spezielle kaufvorbereitende Prüfung des Zielunternehmens. Fraglich ist unter Berücksichtigung der im Verkehr „erforderlichen Sorgfalt", ob der Kaufinteressent rechtliche Nachteile erleiden kann, wenn er eine Due Diligence unterlässt.

Gem. § 442 Abs. 1 S. 1 sind die Rechte des Käufers wegen eines Mangels ausgeschlossen, wenn er bei Vertragsschluss den Mangel kennt. Ist dem Käufer gem. S. 2 ein Mangel dagegen infolge grober Fahrlässigkeit unbekannt geblieben, so kann der Käufer Rechte wegen des Mangels nur dann geltend machen, wenn der Verkäufer den Mangel arglistig verschwiegen oder eine Garantie für die Beschaffenheit der Sache gem. § 443[24] übernommen hat.

I. Kenntnis gem. § 442 Abs. 1 S. 1 BGB

Gem. § 442 Abs. 1 S. 1 kann der Käufers keine Ansprüche aus den §§ 437, 434 wegen eines Sach- oder Rechtsmangels geltend machen, wenn er den Mangel bei Vertragsschluss kennt, z.B. weil ihn der Verkäufer explizit auf den Mangel hingewiesen hat. Dabei wird unter Kenntnis das positive Wissen um den Mangel in seiner Erheblichkeit verstanden. Der dringende Verdacht genügt allerdings nicht.[25]

Dass der Käufer bei Kenntnis einen Gewährleistungsausschluss erleidet, ist gerechtfertigt, da er diese stets bei den Kaufpreisverhandlungen berücksichtigen kann. Letztendlich hätte er aufgrund der erlangten Kenntnis auch vom Vertragsabschluss Abstand nehmen können.[26]

---

[22] Fritzen 2004, S. 161; Fleischer, BB 2001, 841, 841 f.; sehr ausführlich Kappler 2004, S. 71 ff.; zum Verbreitungsgrad Marten, FB 1999, 337, 342.

[23] Berens 2005, Seiten 51, 56 und 95; Krüger, DStR 1999, 174, 174; Grimm, NZA 2002, S. 198.

[24] Palandt, Putzo, § 442, Rn. 19, mit dem Hinweis, dass nach dem Wortlaut auf § 443, Beschaffenheits- und Haltbarkeitsgarantie, abzustellen ist.

[25] Bamberger/Roth, Faust, § 442, Rn. 17; Knöfler 2001, S. 66; MüKommBGB, Westermann, § 442, Rn. 4.

[26] Fritzen 2004, S. 166; Berens 2005, S. 334.

II. Grob fahrlässige Unkenntnis gem. § 442 Abs. 1 S. 2 BGB

Fraglich ist, wie sich die Rechtslage darstellt, wenn der Käufer einen Mangel aufgrund grober Fahrlässigkeit nicht erkannt hat.

Ist dem Käufer ein Mangel infolge grober Fahrlässigkeit unbekannt geblieben, kann er gem. § 442 Abs. 1 S. 2 Rechte wegen dieses Mangels nur dann geltend machen, wenn der Verkäufer den Mangel arglistig verschwiegen oder eine Garantie für die Beschaffenheit der Sache übernommen hat.

Gem. § 276 Abs. 2 handelt derjenige fahrlässig, der die im Verkehr erforderliche Sorgfalt außer Acht lässt. Diese Legaldefinition der Fahrlässigkeit bezieht sich nur auf die sog. einfache Fahrlässigkeit.[27] In Anlehnung hieran handelt jemand grob fahrlässig, der die im konkreten Einzelfall erforderliche Sorgfalt in besonders schwerem Maße vernachlässigt und dasjenige unbeachtet lässt, was in diesem Fall jedem hätte einleuchten müssen.[28] Dies ist v.a. dann anzunehmen, wenn den Käufer eine Untersuchungspflicht der Kaufsache trifft und er dieser nicht nachgekommen ist.[29] Das bedeutet, dass sich das Vorhandensein des Mangels vor oder bei Vertragsabschluss aufdrängen muss, wobei der Mangel ohne eine detaillierte, Fachkenntnisse voraussetzende Überprüfung erkennbar sein muss.[30] Fraglich ist somit, ob dem Käufer grobe Fahrlässigkeit vorgeworfen werden kann, wenn er die Durchführung einer Due Diligence unterlassen hat.

1. Prüfungsobliegenheit

Dann müsste den Käufer eine Pflicht zur Prüfung des Unternehmens getroffen haben.

Grundsätzlich besteht für den Käufer nach deutschem Kaufrecht keine Prüfungsobliegenheit vor Vertragsschluss.[31] Fraglich ist jedoch, ob ausnahmsweise etwas anderes gilt, wenn es sich bei der Kaufsache um ein Unternehmen handelt.

Gem. § 377 Abs. 1 HGB hat der Käufer nach Ablieferung der Ware durch den Verkäufer eine Untersuchungs- und – im Falle eines festgestellten Mangels – eine Rügepflicht, die unverzüglich zu erfolgen hat, wenn der Kauf für beide Seiten ein Handelsgeschäft ist. Gem. § 343 Abs. 1 HGB sind Handelsgeschäfte alle Geschäfte eines Kaufmanns, die zum Betrieb seines Handelsgewerbes gehören. Gem. § 344 Abs. 1 HGB sind die von einem Kaufmann vorgenomme-

---

[27] Palandt, Heinrichs, § 276, Rn. 14, worin die Synonyme „leichte Fahrlässigkeit" und „gewöhnliche Fahrlässigkeit" genannt werden.
[28] Bamberger/Roth, Faust, § 442, Rn. 19; Bamberger/Roth, Grüneberg, § 276, Rn. 19.
[29] Knöfler 2001, S. 69.
[30] AnwKomm, Büdenbender, § 442, Rn. 7.
[31] Bamberger/Roth, Faust, § 442, Rn. 20; Loges, DB 1997, 965, 967; Fritzen 2004, S. 167; Berens 2005, S. 335.

nen Rechtsgeschäfte im Zweifel als zum Betrieb seines Handelsgewerbes zugehörig anzunehmen.
Eine weitere Betrachtung erübrigt sich jedoch, da die Untersuchungs- und Rügepflicht nach § 377 Abs. 1 HGB erst nach Ablieferung zu erfolgen hat. Die hier zu betrachtende Due Diligence findet aber in der kaufvorbereitenden Phase einer Unternehmenstransaktion statt. Somit kommt eine Untersuchungsobliegenheit gem. § 377 Abs. 1 HGB nicht in Betracht.[32] Schröcker[33] bezeichnet das Unternehmen als Inbegriff von Sachen und Rechten und einen lebendigen Organismus, das daher ohnehin nicht unter den Anwendungsbereich des § 377 HGB fiele. Eine Prüfungsobliegenheit besteht demnach nicht. Aus diesem Grund handelt ein Unternehmenskäufer, der den Kaufgegenstand vor Kaufvertragsabschluss gar nicht prüft, nicht deswegen grob fahrlässig.

2. Annahme grober Fahrlässigkeit

Auch wenn eine Prüfungsobliegenheit nicht existiert, kann es dennoch bestimmte Situationen geben, die eine Prüfung notwendig machen könnten. So können vier nicht immer klar voneinander zu trennende Aspekte, allein oder in Kombination miteinander, eine grobe Fahrlässigkeit begründen und einen Gewährleistungsausschluss nach § 442 Abs. 1 S. 2 zur Folge haben.[34]

a) Augenfällige Mängel

Grobe Fahrlässigkeit wird in den Fällen angenommen, wenn ein Mangel offen zutage tritt und vom Käufer ohne weiteres auch als solcher wahrgenommen und erkannt hätte werden müssen.[35] Derartige augenfällige Mängel beim Unternehmenskauf können z.B. nachhaltige Zahlungsschwierigkeiten sein, die durch die Presse bekannt geworden sind, oder in offensichtlichen Verunreinigungen des Betriebsgeländes bestehen.[36] Allerdings dürften solche augenfälligen Mängel eher die Ausnahme sein, da der Verkäufer sein Unternehmen dem Kaufinteressenten wohl in einem möglichst schönen Zustand präsentieren wird.

---

[32] Berens 2005, S. 335; Knöfler 2001, S. 69 f.
[33] Schröcker, ZGR 2005, 63, 97.
[34] Staudinger, Honsell, § 460, Rn. 7; Müller, NWJ 2004, 2196, 2197.
[35] Fleischer, BB 2001, 841, 844; Bamberger/Roth, Faust, § 442, Rn. 20.
[36] Müller, NWJ 2004, 2196, 2197.

b) Besondere Verdachtsmomente

Grobe Fahrlässigkeit wird des Weiteren angenommen, wenn die Umstände den Kaufinteressenten zu besonderer Vorsicht mahnen.[37] Dies ist der Fall, wenn sich besondere Verdachtsmomente geradezu aufdrängen oder der Verkäufer bzw. ein Dritter auf bestimmte Mängel konkret hinweist[38], der Käufer aber trotzdem von einer Prüfung absieht. Hierzu zählen beispielsweise, wenn der Kaufinteressent vor dem Vorliegen bestimmter Mängel gewarnt wird oder der Kaufvertrag eine Klausel wie „Kauf wie besichtigt" enthält.[39]

Liegen also besondere Verdachtsmomente vor, dann ist das Unterlassen einer Prüfung als grob fahrlässig zu betrachten.

c) Besondere Sachkunde

Eine Untersuchungspflicht kommt auch in Betracht, wenn der Käufer eine besondere Sachkunde besitzt, die dem Verkäufer gerade fehlt.[40] Eine solche Sachkunde kann z.B. bei einem Gebrauchtwagenkauf von einem Kfz-Händler erwartet werden, nicht dagegen von einem privaten Käufer.[41] Unterlässt der Händler in einem solchen Fall eine Untersuchung und lässt er die ihm dafür zur Verfügung stehenden technischen Mittel bewusst ungenutzt, dann wird darin eine grobe Fahrlässigkeit gesehen. Ähnliche Anforderungen gelten auch beim Erwerb eines Gemäldes durch ein Auktionshaus.[42]

d) Verkehrssitte

Sind weder augenfällige Mängel noch besondere Verdachtsmomente vorhanden und besitzt der Kaufinteressent auch keine besondere Sachkunde, könnte das Unterlassen der Due Diligence dennoch grob fahrlässig i.S.d. § 442 Abs. 1 S. 2 sein, wenn deren Durchführung als Verkehrssitte zu betrachten wäre.[43]

Der Begriff der Verkehrssitte ist im Gesetz nicht definiert, wird aber an verschiedenen Stellen zumindest genannt, so z.B. im Zusammenhang mit der Auslegung von Willenserklärungen und Verträgen (§§ 133, 157 BGB) sowie mit der Rücksichtnahme bei Handelsgebräuchen (§ 346 HGB).[44] Unter einer Verkehrssitte wird üblicherweise die im Verkehr der beteiligten Kreise tatsächlich herrschende Übung bezeichnet, wenn sie zudem eine gewisse Festigkeit

---

[37] Bamberger/Roth, Faust, § 442, Rn. 20.
[38] Staudinger, Honsell, § 460, Rn. 3.
[39] Fleischer, BB 2001, 841, 845.
[40] Bamberger/Roth, Faust, § 442, Rn. 20; Loges, DB 1997, 965, 967.
[41] Palandt, Putzo, § 442, Rn. 14.
[42] Fleischer, BB 2001, 841, 845; s.a. LG Bielefeld in NJW 1990, 1999; Bamberger/Roth, Faust, § 442, Rn. 20; MüKommBGB, Westermann, § 442, Rn. 11.
[43] Müller, NWJ 2004, 2196, 2197.
[44] Fritzen 2004, S. 173.

erlangt hat.[45] Somit ist es für eine Verkehrssitte nicht ausreichend, wenn ein Geschäftsgebrauch überwiegend erfolgt.[46] Sie ist jedoch nur dann von rechtlicher Bedeutung, wenn sie ausnahmslos und allgemein gilt.[47] So wird z.B. beim Gebrauchtwagenkauf eine Probefahrt vor Vertragsschluss ebenso als Verkehrssitte betrachtet wie die vorvertragliche Prüfung beim Kauf eines Kunstwerkes oder Hauses.[48]
Allerdings ist der Meinungsstand hinsichtlich der Ausbildung einer Verkehrssitte alles andere als einheitlich.

aa) Ansicht der Rechtsprechung

Die Rechtsprechung[49] hat bislang nicht eindeutig Stellung bezogen, ob die Durchführung einer Due Diligence als Verkehrssitte anzusehen ist. So hat das LG Hannover in einer Entscheidung[50] eine Verpflichtung des Vorstandes einer Aktiengesellschaft angenommen, die Vermögensverhältnisse der zur Übernahme anstehenden Gesellschaft vor dem Erwerb gründlich zu überprüfen und seine Entscheidungen nach § 93 Abs. 1 S. 1 AktG vorzubereiten.[51] Zu einem ähnlichen Ergebnis kam das LG Frankfurt am Main.[52]
Gem. § 93 Abs. 1 S. 1 AktG haben die Vorstandsmitglieder bei ihrer Geschäftsführung die Sorgfalt eines ordentlichen und gewissenhaften Geschäftsleiters anzuwenden. Hiermit wird jedoch die Innenhaftung einer Gesellschaft angesprochen, also der Vorstandsmitglieder zur AG, und nicht die Außenhaftung. Mithin kann hieraus eine Verkehrssitte nicht abgeleitet werden.

bb) Bejahende Auffassung im Schrifttum

Im neueren Schrifttum[53] existieren einige Ansichten, die für eine Verkehrssitte bezüglich der Durchführung einer Due Diligence sprechen. Begründet wird dies u.a. damit, dass die Durchführung einer Due Diligence zumindest bei größeren Unternehmen weit verbreitet sei. In einer empirischen Untersuchung bei Aktiengesellschaften wurde ein hoher Verbreitungsgrad der

---

[45] Erman, Hefermehl, § 157, Rn. 5; Vogt, DStR 2001, 2027, 2031.
[46] Staudinger, Dilcher, §§ 133, 157, Rn. 15.
[47] Fritzen 2004, S. 173; Erman, Hefermehl, § 157, Rn. 7.
[48] Palandt, Putzo, § 442, Rn. 15; Berens 2005, S. 336.
[49] So u.a. LG Frankfurt WM 1998, 1181, 1185; LG Hannover, AG 1977, 198, 200 f.
[50] LG Hannover, AG 1977, 198, 200 f.
[51] Rittmeister, NZG 2004, 1032, 1034.
[52] LG Frankfurt WM 1998, 1181, 1185; Fritzen 2004, S. 173; hinweisend auch Westermann, ZHR 169 (2005), 248, 266.
[53] Vogt, DStR 2001, 2027, 2031; Schürnbrand 169 (2005), 295, 298, der anmerkt, dass innerhalb einer Diskussionsrunde mehrere Teilnehmer bei Unterlassen einer Due Diligence den gänzlichen Anspruchsausschluss befürworten; KurzKommHGB, Hopt, Einleitung vor § 1, Rn. 44, wonach eine Verkehrssitte für internationale und wohl auch DAX-Unternehmen bereits bestehen dürfte; Kiethe, NZG 1999, 976, 976.

Due Diligence festgestellt.[54] Im Ergebnis wurden z.B. bei 93,53% der Unternehmen, von denen eine Rückmeldung erfolgte, eine Financial Due Diligence, bei 81,5% eine Legal Due Diligence, bei 77,52% eine Tax Due Diligence und bei 76,47% eine Market Due Diligence durchgeführt, wohingegen z.B. nur bei 47,37% eine Environmental Due Diligence erfolgte. Hier wird nun argumentiert, dass zumindest dann, wenn eine Due Diligence in wenigstens 75% der Fälle durchgeführt wird, von einer Verkehrssitte auszugehen ist.[55]

cc) Gegenansicht im Schrifttum

Viele Autoren[56] verneinen eine Verkehrssitte und damit auch eine grobe Fahrlässigkeit, wenn eine Due Diligence unterlassen wird. Begründet wird dies u.a. damit, dass beim Unternehmenskauf immer wieder unterschiedliche Fallkonstellationen existieren.[57] Zudem würde ein Vorstandsmitglied einer AG zunächst seinen Geschäftsleiterpflichten gegenüber der eigenen Gesellschaft nachkommen und nicht einer etwaigen Verkehrssitte.[58] Des Weiteren wird gegen die Ausbildung einer Verkehrssitte argumentiert, dass die bisherigen empirischen Untersuchungen sich nur auf eine vergleichsweise schmale Datenbasis stützten.[59] So hätten von knapp 2.000 Aktiengesellschaften bei der Fragebogenaktion lediglich 377 überhaupt geantwortet und letztlich wären davon nur 231 (davon 214 kleinere Unternehmen) in die o.g. empirische Untersuchung einbezogen worden. Dies reiche aber nicht aus, um von einer Verkehrssitte zu sprechen, zumal sie auch keine Angaben zu konkreten Prüfungshandlungen enthielte.[60] Außerdem würde eine angenommene Verkehrssitte den Interessen der Kaufvertragsparteinen nicht entsprechen und könne der genaue Umfang und Inhalt einer Due Diligence auch gar nicht bestimmt werden.[61]

dd) Stellungnahme

Eine auch empirisch nachgewiesene Bedeutung kann der Due Diligence freilich nicht abgesprochen werden. Immerhin kommen einige Due Diligence Arten, wie die Financial Due Di-

[54] Marten, FB 1999, 337, 337 ff.; ähnlicher Verbreitungsgrad bei Berens 2005, S. 15.
[55] So auch Vogt, DStR 2001, 2027, 2031 f.
[56] MüKommBGB, Westermann, § 453, Rn. 60; Loges, DB 1997, 965, 968; Fritzen 2004, S. 175; Müller, NWJ 2004, 2196, 2197; Beisel 2003, S. 31 Rn. 9; Holzapfel 1994, Rn. 15; Schmitz 2002, S. 93; Fleischer, BB 2001, 841, 846; Westermann, ZHR 2005, 248, 264; Zumbansen, BB 2006, 613, 614; Berens 2005, S. 335 ff; Rittmeister, NZG 2004, 1032, 1032; Böttcher, NZG 2005, 49, 50; Huber, AcP 202 (2002), 179, 201; Weitnauer 2002, 2511, 2516; Werner, ZIP 2000, 989, 990.
[57] Müller, NWJ 2004, 2196, 2197; Beisel 2003, S. 31 Rn. 9; Loges, DB 1997, 965, 968; Fleischer, BB 2001, 841, 846; Holzapfel 1994, Rn. 15.
[58] Beisel 2003, S. 31 Rn. 9; so auch Loges, DB 1997, 965, 968.
[59] Fleischer, BB 2001, 841, 846.
[60] Schmitz 2002, S. 93.
[61] Fritzen 2004, S. 175.

ligence oder die Legal Due Diligence, auf ca. 80 bis fast 95 Prozent bezüglich ihrer Verbreitung. Gerade bei größeren zu kaufenden Unternehmen wird wohl eine kaufvorbereitende Prüfung notwendig sein. Zudem können anhand der gewonnenen Untersuchungsergebnisse direkt die Kaufpreishöhe sowie vertragliche Vereinbarungen entsprechend definiert werden. Es ist demnach festzuhalten, dass der Due Diligence zumindest bei größeren Unternehmenskäufen eine gewisse Bedeutung zukommt.[62]

Dem ist entgegenzuhalten, dass kein Unternehmenskauf dem anderen gleicht. Da ein Unternehmen ein äußerst komplexes Gebilde darstellt, wird es wohl auch in Zukunft keine generalisierende Checkliste geben, in der alle zu prüfenden Punkte genannt sind. Denn untersuchenswerte Aspekte z.B. bei einem Unternehmen der chemischen Industrie haben möglicherweise bei einem Unternehmen, das dem Bankenwesen zuzurechnen ist, keinerlei Bedeutung. Hinzu kommt, dass zwar Checklisten für alle Arten von Unternehmen in allen Branchen, oft als Mustersammlungen, vorliegen, diese jedoch auch wegen des regelmäßig hohen Zeitdrucks mitunter unreflektiert an das Zielunternehmen versandt werden. Die Checklisten müssten aber hinsichtlich der zu prüfenden Fragestellungen immer auf die Größen-, Besitzstruktur- sowie Branchenbesonderheiten und -risiken des Kaufobjekts dem Einzelfall angepasst werden. Checklisten sind zudem meist mit dem Zusatz „ohne Anspruch auf Vollständigkeit“ versehen.[63]

Weiterhin spricht gegen eine Verkehrssitte, dass die Due Diligence nicht dieselben Interessen beider Vertragsparteien gleichermaßen erfüllen kann. Während der Kaufinteressent möglichst jeden Mangel aufdecken und dann z.B. den Kaufpreis drücken oder eventuell sogar vom Kauf Abstand nehmen möchte, ist es meist im Sinne des Verkäufers, einen möglichst hohen Kaufpreis zu erzielen. Sollte es nicht zu einem Kauf kommen, könnte der Kaufinteressent, der möglicherweise ein Konkurrent sein könnte, eventuell über die Kenntnis von pikanten Details oder vertraulichen Informationen verfügen. So kann es weitaus gefährlicher sein, einem Wettbewerber sensible Informationen über das Unternehmen zu geben, als einem zur Treue verpflichteten Gesellschafter oder einem neutralen Financier.[64]

Würde man eine Verkehrssitte bejahen, bedeutete dies, dass eine eingehende Untersuchung im Vorfeld des Vertragsabschlusses stattfinden müsste und damit möglicherweise anderweitige Absprachen überflüssig werden könnten. Das kann aber nicht im Sinne der in Deutschland geltenden Vertragsfreiheit[65] bei Kaufverträgen nach §§ 433 BGB sein.

[62] Vgl. auch Fritzen 2004, S. 175.
[63] Grimm, NZA 2002, S. 197 f.
[64] So auch Hemeling, ZHR 169 (2005), 274, 280.
[65] Müller, NJW 2002, 1026, 1027.

Somit überwiegen die Gegenargumente bei Weitem. Vor allem würde eine Bejahung einer Verkehrssitte sicherlich viele Transaktionen verteuern und erschweren. Eine Verkehrssitte ist daher abzulehnen.

3. Ergebnis

Auch wenn eine Prüfungsobliegenheit des Käufers nicht besteht, kann es dennoch angezeigt sein, das Zielunternehmen zu untersuchen, um sich nicht der Gefahr der groben Fahrlässigkeit auszusetzen und dann seine Gewährleistungsrechte gem. § 442 Abs. 1 S. 2 zu verlieren. Der Käufer sollte zumindest dann nachhaken, wenn er augenfällige Mängel erkennt, ihm besondere Verdachtsmomente zugetragen werden oder er eine deutlich größere Sachkunde als der Verkäufer besitzt. Ansonsten muss der Kaufinteressent nicht untersuchen, zumal eine Verkehrssitte nicht bejaht werden kann.

III. Mitverschulden des Käufers, gem. § 254 Abs. 1 BGB?

Fraglich ist, ob dem Käufer bei Auftreten eines Mangels ein Mitverschulden zugerechnet werden kann, weil er es unterlassen hat, eine Due Diligence durchzuführen.

Gem. § 254 muss derjenige, der die Sorgfalt außer Acht lässt, die nach Lage der Dinge erforderlich erscheint, um sich selbst vor Schaden zu bewahren, den Verlust oder die Kürzung seines Schadensersatzanspruchs hinnehmen.[66]

Allerdings wird § 254 durch die Sonderregelung der §§ 442, 651 S. 2 verdrängt und ist daher auf Schadensersatzansprüche wegen Sach- oder Rechtsmängeln nicht anwendbar.[67] Ein Mitverschulden des Käufers gem. § 254 kommt somit nicht in Betracht.[68]

D. Rechtslage nach erfolgter Due Diligence

Fraglich ist, ob der Käufer rechtliche Nachteile erleiden kann, wenn er eine Due Diligence durchgeführt hat.

I. Kenntnis gem. § 442 Abs. 1 S. 1 BGB

1. Gewährleistungsausschluss bei Kenntnis

Gem. § 442 Abs. 1 S. 1 sind die Rechte des Käufers wegen eines Mangels ausgeschlossen, wenn er den Mangel bei Vertragsschluss kennt. Diese Vorschrift enthält keine weiteren Vor-

---

[66] Bamberger/Roth, Grüneberg, § 254, Rn. 1.
[67] Bamberger/Roth, Grüneberg, § 254, Rn. 4; s.a. BGH-Urteil vom 31.01.1990 - VIII ZR 314/88 (Frankfurt) in NJW 1990, 1106 ff..
[68] Bamberger/Roth, Faust, § 442, Rn. 33; Merkt, BB 1995, 1041, 1047.

aussetzungen. Daher ist es irrelevant, ob der Käufer diese Kenntnis z.B. aufgrund einer durchgeführten Due Diligence oder durch die Information seitens des Verkäufers bzw. eines Dritten erlangt hat.[69] Insofern besteht hier kein Unterschied, ob der Käufer nun eine Due Diligence durchgeführt oder unterlassen hat. Im Übrigen liegt die Beweislast beim Verkäufer, d.h. er muss, will er sich auf den Ausschluss seiner Verantwortlichkeit für den Mangel berufen, die Kenntnis des Käufers beweisen.[70]

2. Würdigung dieses Ergebnisses

Handelt es sich z.B. um einen besonders vorsichtigen oder umsichtigen Käufer und führt dieser eine Due Diligence durch, folgt hieraus ein zunächst überraschendes Ergebnis. Hätte er eine Prüfung des Zielunternehmens unterlassen, hätte er von dem Mangel möglicherweise gar keine Kenntnis erlangt. Dies erweckt den Anschein, dass die Durchführung der Due Diligence den Käufer schlechter stellt als die Unterlassung. Es könne aber nicht sein, dass den Käufer eine Prüfung mehr schade als eine unterlassene Due Diligence.[71]

Der Käufer führt die Due Diligence i.d.R. in seinem eigenen Interesse durch. Letztendlich können sich die Untersuchungsergebnisse auf den Kaufpreis, auf die Vertragsgestaltung (z.B. durch Festlegung bestimmter Garantien) sowie auf die Risikoabschätzung auswirken. Bei besonders gravierenden Mängeln, von denen er Kenntnis erlangt hat, kann sich der Käufer auch vom Unternehmenskauf distanzieren. Das heißt, auch wenn der Käufer einen Gewährleistungsausschluss erleiden kann, kann sich die Kenntniserlangung für ihn dennoch als vorteilhaft erweisen.[72]

Somit stellt die Durchführung der Due Diligence den Käufer nicht schlechter als die Unterlassung. Letztlich liegt es am Käufer selbst zu entscheiden, welchen Weg er gehen möchte.

3. Kenntniszurechnung gem. § 166 Abs. 1 BGB

Häufig führt der Kaufinteressent die vorvertragliche Unternehmensprüfung nicht selbst durch, sondern beauftragt Dritte (z.B. Rechtsanwälte, Wirtschaftsprüfer, Steuerberater, Unternehmensberater, Investmentbanken, Umweltgutachter, IT-Berater), da diese über das Expertenwissen verfügen.[73] Fraglich ist daher, ob die Kenntnis dieser Dritten dem Käufer zugerechnet werden kann.

---

[69] Fleischer, BB 2001, 841, 847.
[70] MüKommBGB, Westermann, § 442, Rn. 21; Bamberger/Roth, Faust, § 442, Rn. 34.
[71] Berens 2005, S 332.
[72] Fritzen 2004, S. 184 f.
[73] Strauch 2004, S. 123; Loges, DB 1997, 965, 965; Fleischer, BB 2001, 841, 847.

Gem. § 166 Abs. 1 gilt für die Zurechnung von Wissen, dass sich der Käufer die Kenntnis der für ihn tätig gewordenen Berater zurechnen lassen muss.[74]
Da diese Externen i.d.R. das Geschäft mit dem Verkäufer nicht selbst abschließen, sind sie somit auch nicht als Stellvertreter des Käufers i.S.d. § 164 Abs. 1 anzusehen. Allerdings müssen die Berater ähnlich wie ein Stellvertreter agieren. Dies ist jedoch bei einem mit einer Due Diligence beauftragten Berater gegeben, d.h. er tritt erkennbar als für den Kaufinteressenten handelnd auf, er wird mit Wissen und Wollen des Interessenten tätig und handelt auch in eigener Verantwortung.[75]
Zusammenfassend ist festzuhalten, dass gem. § 166 Abs. 1 für die Kenntnis oder das Kennenmüssen gewisser Umstände nicht die Person des Vertretenen, sondern die des Vertreters maßgeblich ist.[76] Die Rechte des Käufers wegen eines Mangels sind also hier genauso ausgeschlossen wie im Falle der eigenen Kenntniserlangung.

II. Grob fahrlässige Unkenntnis gem. § 442 Abs. 1 S. 2 BGB

Fraglich ist, wie sich die Rechtslage darstellt, wenn der Käufer einen Mangel aufgrund grober Fahrlässigkeit nicht erkannt hat. Problematisch ist hierbei, dass der Käufer die Due Diligence freiwillig durchgeführt hat. Der Mangel kann trotz einer sorgfältig durchgeführten Due Diligence unbekannt geblieben sein, er kann aber auch deswegen nicht erkannt worden sein, weil die Due Diligence unsorgfältig oder unvollständig durchgeführt wurde.
Gem. § 442 Abs. 1 S. 2 kann der Käufer Rechte wegen des Mangels, der ihm infolge grober Fahrlässigkeit unbekannt geblieben ist, nur dann geltend machen, wenn der Verkäufer den Mangel arglistig verschwiegen oder eine Garantie für die Beschaffenheit der Sache übernommen hat.[77]

1. Meinungsstand

Im Schrifttum[78] wird z.T. argumentiert, dass ein Käufer grob fahrlässig handele, wenn er die Due Diligence unsorgfältig oder unvollständig durchführe, was zum Gewährleistungsausschluss gem. § 442 Abs. 1 S. 2 führe. Eine Due Diligence könne dem Käufer somit schaden.
Fleischer[79] meint, ein solcher Gewährleistungsausschluss könne nur dann erfolgen, wenn der Mangel aufgrund der zur Verfügung gestellten Unterlagen hätte erkannt werden müssen.

---

[74] Bamberger/Roth, Habermeier, § 166, Rn. 1.
[75] Knöfler 2001, S. 68.
[76] Berens 2005, S 332.
[77] MüKommBGB, Westermann, § 442, Rn. 8 und 12.
[78] Rödder 2003, S. 59; so auch Triebel, BB 2002, 521, 526, wenn die DD bei größeren Transaktionen übliche Praxis sei.

Andere Autoren[80] lehnen diese Anwendung des § 442 Abs. 1 S. 2 ab. Sie wollen den Käufer so stellen, als hätte er keine Due Diligence durchgeführt.

2. Stellungnahme

Alle Argumente, die für einen Ausschluss der Rechte gem. § 442 Abs. 1 S. 2 plädieren, können nicht überzeugen. Hätte der Käufer keine Due Diligence durchgeführt und dadurch seine Ansprüche behalten, müsse dies auch für denjenigen gelten, der eine Due Diligence freiwillig durchführt. Dabei ist es unerheblich, ob die Due Diligence unsorgfältig oder unvollständig erfolgte. Insofern erscheint es angemessen und auch verhältnismäßig, den Käufer so zu stellen, als hätte er keine Due Diligence durchgeführt.[81]

Dieser Meinung wird hier gefolgt, denn je größer der Grad an Unvollständigkeit ist desto näher liegt diese letztlich an der Unterlassung.

3. Ergebnis

Nach der hier vertretenen Auffassung steht der Käufer im Falle einer durchgeführten Due Diligence nicht schlechter als im Unterlassensfall. Eine grobe Fahrlässigkeit kann nach § 442 Abs. 1 S. 2 nur dann einen Gewährleistungsausschluss bedeuten, wenn diese unabhängig von einer Due Diligence bejaht werden kann.

E. Haftung der externen Berater

Oftmals führen Experten die Due Diligence durch, die nicht dem Unternehmen des Kaufinteressenten angehören. Dies wirft die interessanten Fragestellungen auf, ob der externe Berater gegenüber seinem Auftraggeber haftbar gemacht und ob er auch gegenüber Dritten zur Haftung herangezogen werden kann.

I. Haftung gegenüber dem Auftraggeber

Verfügt der Unternehmenskäufer selbst nicht über die nötige Fachkompetenz, wird er externe Berater beauftragen. Diese sind dann als Erfüllungsgehilfen i.S.d. § 278 anzusehen.[82] Diesen

---

[79] Fleischer, BB 2001, 841, 848, der zudem die auch vertretene Meinung nennt, dass auch unterschieden wird, ob der Käufer den Mangel selbst hätte erkennen müssen oder erst durch seine Berater hätte erkannt werden können.
[80] Stengel, NJW 1994, S. 158, 164; Weitnauer 2002, 2511, 2516; Berens 2005, S 334; Fritzen 2004, S. 186.
[81] Fritzen 2004, S. 186.
[82] Bamberger/Roth, Grüneberg, § 278, Rn. 11. Danach ist Erfüllungsgehilfe, wer nach den tatsächlichen Gegebenheiten mit dem Willen des Schuldners bei der Erfüllung einer diesem obliegenden Verbindlichkeit als seine Hilfsperson tätig wird.

Beratern wird eine berufsbedingte Sorgfaltspflicht zugesprochen[83], was der BGH[84] auch durch entsprechende Urteile bestätigt hat.
Die Beauftragung wird i.d.R. entgeltlich sein, so dass eine Geschäftsbesorgung[85] gem. § 675 vorliegt. Je nach zu erbringender Leistung kann dieser Geschäftsbesorgung ein Dienstvertrag gem. §§ 611 ff. (dann ist Mühe geschuldet) oder ein Werkvertrag gem. §§ 631 ff. (dann ist ein bestimmter Erfolg geschuldet) zugrunde liegen.[86] Fraglich ist, ob im Falle der Due Diligence ein Dienst- oder ein Werkvertrag vorliegt und welche Anspruchsgrundlagen daraus resultieren.
Ziel der Due Diligence wird es regelmäßig für den Unternehmenskäufer sein, aufgrund des Ergebnisses abzuleiten, welchen Wert das Unternehmen hat und welche Risiken, aber auch Chancen, es birgt. Somit wird er an einem Ergebnis der Due Diligence, dem Abschlussbericht, interessiert sein. Dieser Bericht, oft auch als Gutachten bezeichnet, ist mithin als der geschuldete Erfolg anzusehen. In Beantwortung obiger Fragestellung liegt damit ein Werkvertrag vor. Demnach kommen zunächst die werkvertraglichen Anspruchsgrundlagen in Betracht.[87]
Fand noch keine Abnahme gem. § 640 statt, kann der Unternehmenskäufer im Falle eines vorhandenen Sach- oder Rechtsmangels i.S.d. § 633, bei Vorliegen der Voraussetzungen, Nacherfüllung gem. §§ 634 Nr. 1, 633 Abs. 2, 631 Abs. 1 (z.B. auch Neuerstellung) verlangen. Nach erfolgter Abnahme ist eine Nacherfüllung nicht mehr möglich. Ist das Gutachten jedoch als minderwertig zu betrachten, so kann der Unternehmenskäufer Minderung gem. §§ 634 Nr. 3, 633 Abs. 2, 631 Abs. 1 oder Schadensersatz gem. §§ 634 Nr. 4, 633 Abs. 2, 631 Abs. 1, 636, 280 Abs. 1 verlangen.[88]
Stellt sich nach Abnahme und nach erfolgtem Unternehmenskauf heraus, dass das Gutachten minderwertig ist und der Käufer dadurch einen zu hohen Kaufpreis bezahlt hat, scheidet eine Haftung des Beraters aus den werkvertraglichen Vorschriften aus.[89] Dann kommen die Regelungen des Leistungsstörungsrechts in Betracht, deren Anwendbarkeit sich über § 634 Nr. 4

[83] Angersbach 2002, S. 144; Fischer, NJW 1999, 2993, 294; Holzapfel 1994, Rn. 456 bis 466a, der Beraterpflichten einzeln nach Berufsgruppen getrennt darstellt.
[84] BGH, Urteil vom 10.2.1987, VI ZR 68/86 (Oldenburg), wonach ein Spezialist seine Spezialkenntnisse einsetzen muss; BGH, Urteil vom 13.5.1993 AZ: III ZR 25/92 (Haftung eines Spezialisten, der das Projekt trotz Fehlens eigener zuverlässiger Informationen als sicher hinstellt).
[85] Bamberger/Roth, Czub, § 675, Rn. 3, wonach die Geschäftsbesorgung eine selbständige Tätigkeit wirtschaftlicher Art im fremden Interesse darstellt.
[86] Leibner, DB 2004, 2087, 2087; Bamberger/Roth, Czub, § 675, Rn. 2; Knöfler 2001, S. 239; MüKommBGB, Müller-Glöge, § 611, Rn. 22.
[87] Knöfler 2001, S. 240 f.
[88] Knöfler 2001, S. 241 ff.
[89] Gem. § 644 Abs. 1 S. 1 trägt der Berater die Gefahr nur bis zur Abnahme des Werkes.

ergibt.[90] Allerdings werden Ansprüche gegen den Berater dann ausscheiden, wenn das Due Diligence-Ergebnis vom Berater lediglich als Empfehlung ausgesprochen wird.[91] Ist dies nicht der Fall, ist § 280 Abs. 1 als Anspruchsgrundlage auf Schadensersatz als einschlägig anzusehen. Dann müsste der Berater eine Pflicht aus einem Schuldverhältnis (z.B. Werkvertrag nach § 631 ff.) verletzt haben und seinem Mandanten oder einem in den Schutzbereich des Vertrags einbezogenen Dritten ursächlich ein Schaden entstanden sein, den der Berater auch zu vertreten hat. Zwar ist der konkrete Umfang der Pflichten des Beraters in § 280 Abs. 1 nicht geregelt, jedoch ergibt sich dieser aus den für das besondere Schuldrecht maßgebenden Normen.[92] Gelingt dem Berater der Entlastungsbeweis, dass er die Pflichtverletzung nicht zu vertreten hat, z.B. weil jeder andere Berater zu demselben Ergebnis gekommen wäre, ist gem. § 280 Abs. 1 S. 2 ein Anspruch gegen den Berater ausgeschlossen.

II. Dritthaftung der Berater

Auf Käuferseite kommen beim Unternehmenskauf möglicherweise noch weitere Parteien ins Spiel, wie z.B. Kapitalgeber, mit denen der Berater in keinem Mandatsverhältnis (sog. Nichtmandanten) steht. Fraglich ist, ob der Berater möglicherweise auch solchen Dritten gegenüber haften muss. Zu denken ist hier z.B. daran, dass ein Berater in Wahrnehmung der Interessen seines Auftraggebers durch ein fehlerhaftes Gutachten oder eine mangelhafte Auskunft einen Dritten zu einem Kredit veranlasst hat und sich nun herausstellt, dass sich der Unternehmenskauf nachteilig auswirkt.[93]

Durch Auslegung des zugrunde liegenden Vertrags (i.S.d. §§ 133, 157) kann sich ergeben, dass der Vertrag Schutzwirkung zugunsten Dritter haben soll, vgl. § 311 Abs. 3 S. 1.[94] Ein Vertrag mit Schutzwirkung zugunsten Dritter ist dann gegeben, wenn ein Dritter einen Anspruch aus einem Vertrag erhält, ohne Vertragspartei zu sein, weil er anstelle einer der Vertragsparteien geschädigt ist.[95]

Angersbach[96] nennt drei Kriterien, die kumulativ eine Dritthaftung des Beraters auslösen können. Zum einen muss der Dritte auf die Ergebnisse der vollzogenen Beratung vertraut und diese zur Grundlage seiner Entscheidung gemacht haben. Des Weiteren muss der Kreis der in

---

90 Leibner, DB 2004, 2087, 2087.
91 Knöfler 2001, S. 245 f.
92 Palandt, Heinrichs, § 280, Rn. 12; Leibner, DB 2004, 2087, 2087; AnwKomm, Dauner-Lieb, § 280, Rn. 32 und 56; Zugehör, 2002, S 45 f. Rn. 137.
93 Zugehör, DStR 2001, 1663, 1665 f.
94 Leibner, DB 2004, 2087, 2090.
95 Zugehör, 2002, S 130 f. Rn. 335.
96 Angersbach 2002, S. 154.

Frage stehenden Dritten für den Berater vorhersehbar sein.[97] Der Personenkreis muss also entsprechend abgegrenzt sein. Als drittes Kriterium wird genannt, dass der Berater eine Gewähr übernommen hat.

Als Anspruchsgrundlage kommt bei Vorliegen der notwendigen Voraussetzungen § 280 Abs. 1 i.V.m. den Grundsätzen eines Vertrages mit Schutzwirkung zugunsten Dritter (§§ 328 ff. analog) in Betracht.[98]

Festzuhalten bleibt somit, dass der Berater einem Dritten gegenüber ebenfalls haftbar sein kann, auch wenn beide in keinem direkten Vertragsverhältnis zueinander stehen.

III. Möglichkeiten der Enthaftung bzw. Haftungsmilderung

Um nicht zu hohe Risiken einzugehen und möglicherweise aufgrund einer Beratung ruiniert zu werden, bestehen für den Berater verschiedene Möglichkeiten der Enthaftung bzw. Haftungsmilderung.

Eine große Bedeutung kommt den Berufshaftpflichtversicherungen zu. Dadurch werden die aus einer fehlerhaften Due Diligence entstandenen Schäden bis zu der im Einzelfall vereinbarten Haftungssumme abgedeckt.[99]

Außerdem können zwischen dem Berater und dem Auftraggeber spezielle Enthaftungsklauseln vereinbart werden. Eine solche könnte dann beinhalten, dass der Due Diligence-Bericht weder an Dritte weitergegeben noch als Grundlage für Auskünfte an Dritte genannt werden darf.[100]

F. Sorgfaltspflichten der Leitungsorgane auf Käuferseite

Unternehmenskäufe werden zumeist von größeren Unternehmen und nicht durch Einzelkaufleute durchgeführt. Fraglich ist daher, ob sich eine fehlerhaft oder nicht durchgeführte Due Diligence des Zielunternehmens auf die Sorgfaltspflichten der Leitungsorgane beim Käuferunternehmen auswirkt. Im Falle einer Aktiengesellschaft ist das Leitungsorgan der Vorstand, im Falle einer GmbH ist dieses die Geschäftsführung. Angesprochen wird im Folgenden somit das Innenverhältnis des Erwerbers zur eigenen Gesellschaft.

---

[97] So ist es nicht ausreichend, wenn irgendwann irgendein Dritter ebenfalls auf die Ergebnisse des Beraters vertraut.

[98] Janert, BB 2005, 987, 988; Zugehör, 2002, S 131 Rn. 338; Leibner, DB 2004, 2087, 2090.

[99] Knöfler 2001, S. 259.

[100] Weber, NZG 1999, 1, 11 f., der die unterschiedlichsten Möglichkeiten der Haftungsfreizeichnung und Haftungsbegrenzung nennt.

I. Sorgfaltspflichten der Vorstandsmitglieder einer AG

Fraglich ist, ob das Leitungsorgan einer AG im Falle einer fehlerhaften oder unterlassenen Prüfung haftbar gemacht werden kann.

Gem. § 76 Abs. 1 AktG hat der Vorstand die Gesellschaft unter eigener Verantwortung zu leiten, der gem. Abs. 2 S.1 aus einer oder mehreren Personen bestehen kann. Der Vorstand vertritt die Gesellschaft gem. § 78 Abs. 1 AktG gerichtlich und außergerichtlich. Gem. § 93 Abs. 1 S. 1 AktG haben die Vorstandsmitglieder bei ihrer Geschäftsführung die Sorgfalt eines ordentlichen und gewissenhaften Geschäftsleiters anzuwenden. Gem. § 93 Abs. 2 AktG sind die Vorstandsmitglieder, die ihre Pflichten verletzen, der Gesellschaft zum Ersatz des daraus entstehenden Schadens als Gesamtschuldner verpflichtet.

Nun wäre jedoch die Gefahr, dass die Vorstandsmitglieder schadensersatzpflichtig würden, sehr groß. Dies hätte zur Konsequenz, dass diese einen Unternehmenskauf gar nicht erst vornehmen würden. Dass dadurch wiederum Sorgfaltspflichtverletzungen entstehen könnten, sei an dieser Stelle nicht weiter ausgeführt.

Einen Ausweg aus diesem Dilemma stellt § 93 Abs. 1 S. 2 AktG dar, auch Business Judgement Rule genannt.[101] Gem. § 93 Abs. 1 S. 2 AktG liegt eine Pflichtverletzung nicht vor, wenn das Vorstandsmitglied bei einer unternehmerischen Entscheidung vernünftigerweise annehmen durfte, auf der Grundlage angemessener Information zum Wohle der Gesellschaft zu handeln. Hiernach hat der Vorstand in einer höchst dynamisierten und internationalisierten wettbewerblichen Wirtschaftswelt einen größeren und haftungsfreien Handlungs- und Ermessensspielraum.[102]

Um möglichst auch haftungsfrei zu bleiben, sollte der Vorstand die Begründung seiner unternehmerischen Entscheidung zum einen zu Dokumentationszwecken und zum anderen auch zum Schutze vor einer möglichen Haftung nach § 93 Abs. 2 AktG schriftlich fixieren.[103]

II. Sorgfaltspflichten der Geschäftsführung einer GmbH

Fraglich ist, ob das Leitungsorgan einer GmbH im Falle einer fehlerhaften oder unterlassenen Prüfung haftbar gemacht werden kann.

Gem. § 43 Abs. 1 GmbHG haben die Geschäftsführer in den Angelegenheiten der Gesellschaft die Sorgfalt eines ordentlichen Geschäftsmannes anzuwenden. Gem. Abs. 2 haften die Geschäftsführer, die ihre Obliegenheiten verletzen, der Gesellschaft solidarisch für den ent-

---

[101] MüKommAktG, Hefermehl/Spindler, § 93, Rn. 33.
[102] KölnKommAktG, Mertens, § 76, Rn. 14; Zumbansen, BB 2006, 613, 614.
[103] Berens 2005, S 296.

standenen Schaden. § 93 Abs. 1 S. 1, Abs. 2 AktG findet so in dieser Vorschrift ihre Entsprechung für die GmbH.[104]

Für die GmbH existiert im GmbHG keine direkte Entsprechung zur Business Judgement Rule, d.h. zu § 93 Abs. 1 S. 2 AktG. Allerdings stellt die Entscheidung für oder gegen eine Due Diligence keine Angelegenheit der laufenden Geschäftsführung dar, sondern fällt in die Kompetenz der Gesellschafter der GmbH. Die Gesellschafter müssen dazu einen Beschluss fassen, an den die Geschäftsführer gebunden sind.[105]

G. Geheimhaltungspflichten der Leitungsorgane auf Verkäuferseite

Beim Unternehmenskauf kann es zum Interessenkonflikt zwischen der Zielgesellschaft und dem Leitungsorgan dieser Gesellschaft kommen. Dabei ist es von besonderem Interesse, inwiefern die Geheimhaltungspflichten etwaigen Informationspflichten, die letztlich mit der Zulassung einer Due Diligence verbunden sind, entgegenstehen.

I. Geheimhaltungspflichten des Vorstands einer AG

Fraglich ist, ob der Vorstand gegen Geheimhaltungspflichten verstößt, wenn er entsprechende Informationen im Rahmen einer Due Diligence preisgibt.

Gem. § 93 Abs. 1 S. 3 AktG haben Vorstandsmitglieder über vertrauliche Angaben und Geheimnisse der Gesellschaft, namentlich Betriebs- oder Geschäftsgeheimnisse, die ihnen durch ihre Tätigkeit im Vorstand bekannt geworden sind, Stillschweigen zu bewahren. Geheimnisse der Gesellschaft sind Tatsachen mit Bezug zur Gesellschaft, die nicht allgemein bekannt sind und nach deren Willen nicht weiter verbreitet werden sollen.[106] Diese Pflichten können dabei auch nicht durch Hauptversammlungsbeschluss oder durch die Satzung gemildert werden.[107] Die hier verankerte Verschwiegenheitspflicht besteht gegenüber außenstehenden Dritten und eigenen Aktionären.[108]

Gem. § 93 Abs. 2 AktG sind Vorstandsmitglieder, die ihre Pflichten verletzen, der Gesellschaft zum Ersatz des daraus entstehenden Schadens als Gesamtschuldner verpflichtet. Gem. § 404 Abs. 1 AktG kann ein Vorstandsmitglied bei Verletzung der Geheimhaltungspflicht sogar mit einer Freiheitsstrafe bestraft werden. Hierunter fallen namentlich Betriebs- und Geschäftsgeheimnisse.

---

[104] Strauch 2004, S. 36.
[105] Rittmeister, NZG 2004, 1032, 1036.
[106] Zumbansen, BB 2006, 613, 615; Rittmeister, NZG 2004, 1032, 1033; Körber, NZG 2002, 263, 266.
[107] KölnKommAktG, Mertens, § 93, Rn. 4.
[108] Körber, NZG 2002, 263, 266.

Ein möglicher Ausweg, um der Informationspflicht zu genügen, wäre z.B., der Käuferseite lediglich anonymisierte Daten zur Verfügung zu stellen.[109]
Ähnlich wie bei den Sorgfaltspflichten kommt auch hier die Business Judgement Rule i.S.d. § 93 Abs. 1 S. 2 AktG zum Tragen, wonach eine Pflichtverletzung ausscheiden kann, wenn der Vorstand nach pflichtgemäßem Ermessen entschieden hat.[110] Im Vordergrund steht das objektive Gesellschaftsinteresse. Entscheidend ist dabei die Gesamtschau aller Vor- und Nachteile. Die Verschwiegenheitspflicht ist demnach nicht unbegrenzt.[111]

II. Geheimhaltungspflichten der GmbH-Geschäftsführung

Fraglich ist, ob die Geschäftsführung gegen Geheimhaltungspflichten verstößt, wenn sie entsprechende Informationen im Rahmen einer Due Diligence preisgibt.
Das GmbHG kennt keine Verschwiegenheitspflicht der Geschäftsführer den Gesellschaftern gegenüber.[112] Gem. § 51a Abs. 1 GmbHG haben die Geschäftsführer jedem Gesellschafter auf Verlangen unverzüglich Auskunft über die Angelegenheiten der Gesellschaft zu geben und die Einsicht der Bücher und Schriften zu gestatten. Gem. Abs. 2 S. 1 dürfen sie dies aber verweigern, wenn anzunehmen ist, dass der Gesellschafter mit diesen Informationen der Gesellschaft einen nicht unerheblichen Nachteil zufügen wird.
Dem GmbHG fehlt eine zu § 93 Abs. 1 S. 2 AktG vergleichbare Vorschrift. Das heißt aber nicht, dass die Geschäftsführer Dritten gegenüber keiner Verschwiegenheitspflicht unterliegen würden. Gem. § 85 GmbHG kann ein Geschäftsführer mit Freiheitsstrafe bestraft werden, wenn er ein Geheimnis der Gesellschaft, namentlich ein Betriebs- oder Geschäftsgeheimnis, das ihm bekannt geworden ist, unbefugt offenbart. Die GmbH-Geschäftsführer unterliegen somit Dritten gegenüber keinen geringen Verpflichtungen zum Schutz von Geschäftsgeheimnissen und vertraulichen Angaben als der Vorstand einer AG.[113]
Will die Geschäftsführung ihrer Informationspflicht nachkommen, muss sie nach § 49 Abs. 2 GmbHG eine Gesellschafterversammlung einberufen und einen Beschluss herbeiführen.
Eine weitere Möglichkeit, Informationen preiszugeben oder einer Due Diligence zuzustimmen, besteht gem. § 37 Abs. 1 GmbHG darin, dass die Geschäftsführer den Weisungen der Gesellschafter Folge zu leisten haben. Die Gesellschafter können demnach die Geschäftsfüh-

---

[109] Berens 2005, S 296 ff.
[110] GroßKommAktG, Hopt, § 93, Rn. 81, wonach selbst der Aufsichtsrat bei seiner Überwachungstätigkeit den weiten unternehmerischen Ermessensspielraum, der dem Vorstand bei der Geschäftsführung zukommt, zu respektieren hat.
[111] Rittmeister, NZG 2004, 1032, 1033.
[112] Körber, NZG 2002, 263, 266.
[113] Körber, NZG 2002, 263, 266 f.

rer anweisen, eine Due Diligence zuzulassen oder sogar den Erwerber dabei zu unterstützen.[114]

H. Zusammenfassung und Fazit

Führt der Käufer keine Due Diligence durch, stellt dies für ihn zunächst keinen Nachteil dar. Grundsätzlich besteht für ihn keine Prüfungsobliegenheit. Eine solche könnte lediglich dann angezeigt sein, wenn die Due Diligence eines Tages als Verkehrssitte betrachtet würde. Dies ist allerdings in absehbarer Zeit nicht anzunehmen. In bestimmten Fällen kann es dennoch im eigenen Interesse des Käufers ratsam sein, eine Prüfung vorzunehmen, z.B. wenn besondere Verdachtsmomente vorliegen, um sich nicht dem Vorwurf der groben Fahrlässigkeit auszusetzen.

Führt der Käufer eine Due Diligence durch, dann soll ihn dies nicht schlechter stellen, als hätte er diese unterlassen. Eine grobe Fahrlässigkeit kann nach § 442 Abs. 1 S. 2 nur dann einen Gewährleistungsausschluss bedeuten, wenn ihm diese unabhängig von der Durchführung der Due Diligence vorgeworfen werden kann.

Eine besondere Brisanz erfährt die Zulassung der Durchführung bzw. die Durchführung einer Due Diligence. Während es sowohl auf Käufer- als auch auf Verkäuferseite zum eigenen Wohle angebracht sein kann, eine Due Diligence durchzuführen (z.B. zur Risikominimierung und evtl. Kaufpreissenkung resp. um entsprechende Garantien nicht abgeben zu müssen), können allerdings Sorgfaltspflichten der Leitungsorgane auf Käuferseite sowie Geheimhaltungspflichten auf Verkäuferseite entgegenstehen. Diese Pflichten sind aber nicht als echtes Hindernis anzusehen, denn die Leitungsorgane haben in erster Linie das Wohl ihrer Gesellschaft im Auge zu behalten. Wenn der Nachweis gelingt, nach pflichtgemäßem Ermessen und nach Abwägen aller Vor- und Nachteile entschieden zu haben, können sie von einer Haftung verschont bleiben.

Eine Verpflichtung zur Durchführung einer Due Diligence besteht aufgrund der fehlenden Verkehrssitte also nicht. Dennoch sollte auf Käuferseite im eigenen Interesse eine solche Prüfung vorgenommen werden, um nicht die „Katze im Sack“ zu kaufen.

[114] Berens 2005, S 306.